Schnuffis Mutter ist nicht da.
Schnuffi ist ganz allein
und krank.
Bald wird es
noch kälter.

Dann machen die Igel
Winter-Schlaf.
Und was wird
aus Schnuffi?

Schnuffi wird gefunden

Schnuffi ist ganz schwach.
Am Rande der Straße
taumelt er durch das Gras.
Eine Frau hört das Rascheln.
Sie findet den Igel.
Ach, ist der klein.

Vom Igel, der nicht schlafen wollte

Was wir
mit dem Igelkind Schnuffi erlebten,
das seine Mutter verloren hatte.

erzählt, fotografiert und illustriert
von Ursula Drefke-Falkenstein

Ernst Klett Grundschulverlag
Leipzig Stuttgart Düsseldorf

Schnuffi

Das ist Schnuffi.

Schnuffi ist
ein kleiner Igel.
Es ist Herbst.

Es ist schon kalt.
Der kleine Schnuffi
ist allein.
Einen Tag, zwei Tage ...

Schnuffi auf der Waage

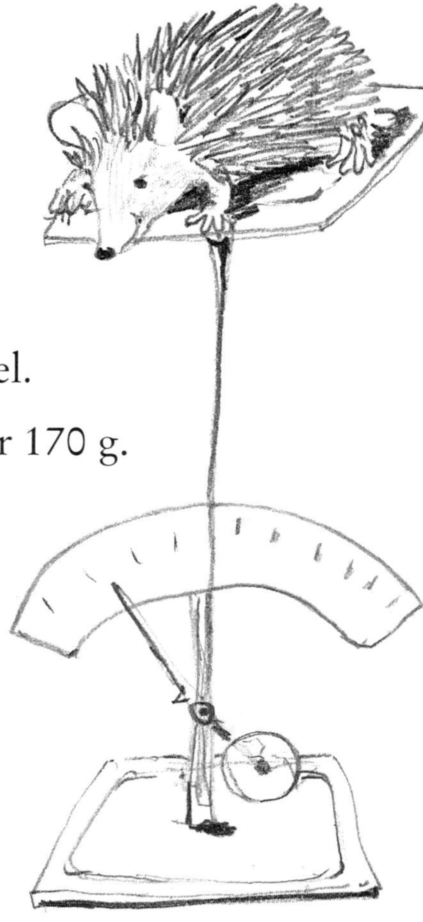

Die Frau wiegt den Igel.

Oh, Schnuffi wiegt nur 170 g.

Das ist so viel

wie

ein großer Apfel

oder

ein Becher Jogurt.

Ist das schwer? Nein!

Das ist leicht.

Das ist zu leicht.

Das ist zu leicht für einen Igel.

Schnuffi beim Arzt

Die Frau nimmt Schnuffi mit
zum Tier-Arzt.
Der Igel ist krank.
Er bekommt eine Spritze.
Der Igel hat auch viele Flöhe!
Aber der Arzt hat ein Mittel
gegen Flöhe.
Sie fallen ab.

Speise-Plan für Igel

Igel essen Schnecken,
Maden,
Würmer,
Käfer,
Obst,
Katzen-Futter,
Igel-Futter vom Zoo-Laden.
Igel trinken Wasser,
KEINE MILCH!

Schnuffi muss essen

Aber Schnuffi isst nichts.
Er ist so schwach.
Da muss ihn
die Frau füttern.
Sie nimmt Katzenfutter
und Wasser.
Sie vermischt das Katzenfutter
mit dem Wasser.
Das wird ein Katzenfutter-Brei.
Sie füllt den Katzenfutter-Brei
in eine Spritze
und schiebt Schnuffi
die Spritze
in die kleine Schnauze.
Schnuffi saugt den Brei.
Da wird Schnuffi wieder stark.

Aber eines ist schlimm:
Igel sind Nacht-Tiere.
Schnuffi will nur nachts
gefüttert werden.

Schnuffi isst schon alleine

Wer schmatzt denn da?
Schnuffi schmatzt.
Und er kann laut schmatzen!
Er kann nun schon
alleine essen.
Da steht er mit den Füßen
im Teller
und isst und schmatzt.
Gut schmeckt es ihm!

Schnuffi wächst …

Hurra, Schnuffi
wird größer,
jeden Tag
ein wenig mehr!
Schlag doch noch einmal
zurück auf Seite 4.
So schnell wachsen Igel-Kinder.

Schnuffi wächst weiter

Und Schnuffi wächst weiter
und er nimmt zu.
Er wird immer schwerer.
Auf der Waage kann man ablesen,
wie schwer er schon ist.
Am 8. Oktober wiegt er schon
fast 300 g.

Gewichts-Tabelle von Schnuffi

September

Fr	1		
Sa	2		
So	**3**		
Mo	4		36
Di	5		
Mi	6		
Do	7		
Fr	8 ☽		
Sa	9		
So	**10**		
Mo	11		37
Di	12		
Mi	13		
Do	14		
Fr	15 ○		
Sa	16		
So	**17**		
Mo	18		38
Di	19		
Mi	20		
Do	21		
Fr	22 ☾		
Sa	23	Herbstanfang	
So	**24**		
Mo	25	170g	39
Di	26	180g	
Mi	27	196g	
Do	28	200g	
Fr	29 ●	210g	
Sa	30		

Oktober

So	**1**	Erntedankfest	
Mo	2	215g	40
Di	3		
Mi	4	240g	
Do	5		
Fr	6	282g	
Sa	7		
So	**8 ☽**	294g	
Mo	9	316g	41
Di	10		
Mi	11	Krabbelt aus Waage	
Do	12		
Fr	13	324g	
Sa	14 ○	368g!!	
So	**15**		
Mo	16		42
Di	17		
Mi	18	438g	
Do	19	465g	
Fr	20		
Sa	21 ☾	474g	
So	**22**	bleibt nicht ruhig	
Mo	23		43
Di	24	542g	
Mi	25		
Do	26	594g	
Fr	27		
Sa	28		
So	**29 ●**		
Mo	30	616g	44
Di	31		

Schnuffi und die Würmer

Schnuffi will immer essen.
Die Frau kauft ihm Mehlwürmer.
Sie zappeln im Teller.
Da ist Schnuffi froh.
Er hat Zappel-Futter gerne.
Die Frau gibt ihm noch 5 Würmer.
Schmatz, schmatz, sind sie weg.
Er bekommt noch 7 Würmer.
Schmatz, schmatz, sind sie auch weg,
Schnuffi will noch mehr.
Nein, jetzt ist es genug,
du wirst zu dick, Schnuffi,
sagt die Frau.
Schnuffi sucht sein Zappel-Futter.
Aber da ist keins mehr.

Schnuffi reißt aus

Schnuffi ist aus seiner
Kiste geklettert.
Er sucht Zappel-Futter.
Unter dem Tisch
sind keine Mehlwürmer.
Hinter der Bank
sind keine Mehlwürmer.
In der Ecke – sind da
vielleicht welche?

Schnuffi und Maunz

Da kommt Kater Maunz.

Kater Maunz hilft suchen.

Kater Maunz ist lieb.

Oder will der auch

Mehlwürmer?

Schnuffi macht Krach

Bei Schnuffi ist vieles anders.

Wenn alle spielen wollen,
will er schlafen.

Wenn alle schlafen wollen,
macht er Krach.

Er will spielen
und essen
und schmatzen
und kratzen
und rumpeln
und pumpeln.

Schnuffi ärgert sich.
Wenn er sich ärgert,
schnauft er laut.

Schnuffi beißt

Igel Schnuffi ist frech.
Er beißt auch
in den Finger der Frau.
Er denkt:
Das ist ein dicker Mehlwurm.

Schnuffi riecht etwas

Schnuffi denkt immer nur ans Essen.
Er wühlt mit seiner Nase
im Käfig herum.
Und er frisst und er schmatzt.
Er will gar nicht mehr aufhören.
Riecht es da nicht nach Äpfeln?

Äpfel

Schnuffi riecht Äpfel.
Und er findet sie.
Oh, die Äpfel sind bewacht.
Kater Maunz sitzt auf den Äpfeln
wie die Henne auf den Eiern.

Aber ein Apfel ist
aus dem Korb gerollt.
Den beschnuppert
Schnuffi.

So ein Apfel
schmeckt gut.

Schnuffi und das Auto

Viele Kinder spielen gerne
mit Autos.
Schnuffi will auch damit spielen.
Vor kleinen Autos
hat er keine Angst.

Schnuffi klettert hoch.

Dann sitzt er im Auto.

Ist das aufregend!

Aber das Auto

fährt nicht.

Es hat keinen Motor.

Das ist schade.

Der Hase und der Igel

Schnuffi, du wirst zu dick!

Schnuffi, du musst Sport treiben!

Aber alleine macht das

keinen Spaß.

Was hältst du von einem Wettlauf?
Ein Wettlauf zwischen Hase und Igel?
Aber der Hase gewinnt immer.
Vielleicht wäre Schnuffi besser
im Wett-Rollen.
Er ist schon richtig rund.

Schnuffi ist gewachsen

Vergleiche die Bilder
auf Seite 4: 25. September
und Seite 11: 8. Oktober
und Seite 18: 19. Oktober
und Seite 27: 13. November!

Gewichtiges zum Schluss

25. Sept.	170 g	13. Okt.	324 g
26. Sept.	180 g	14. Okt.	368 g
27. Sept.	196 g	18. Okt.	438 g !
28. Sept.	200 g	19. Okt.	465 g
29. Sept.	210 g	21. Okt.	474 g
2. Okt.	215 g	24. Okt.	542 g
4. Okt.	240 g !	26. Okt.	594 g
6. Okt.	282 g !	30. Okt.	616 g
8. Okt.	294 g	5. Nov.	720 g
9. Okt.	316 g	13. Nov.	866 g

Der Tier-Arzt meint:
Nun kann der Igel
in die Freiheit zurück.
Dort sucht er sich ein Versteck
für den Winter-Schlaf.

Schnuffi muss nun schlafen

Bald ist der Herbst vorbei.
Bald ist es Winter.
Es ist kalt.
In der Nacht
friert es schon.
Schnuffi läuft
durch das Gras.

Er findet einen
großen Haufen
mit Holz und Blättern.
Der ist ein gutes Versteck
für den Winter-Schlaf.
Schlaf gut, Schnuffi!

Inhalt

Lese-Reihe für die Grundschule
herausgegeben von Horst Bartnitzky

Vom Igel, der nicht schlafen wollte

für das 1. und 2. Lesejahr

1. Auflage 1 5 4 3 | 2001 2000

Dieses Werk folgt der reformierten Rechtschreibung und Zeichensetzung.
Alle Drucke dieser Auflage können im Unterricht nebeneinander benutzt werden, sie sind untereinander unverändert. Die letzte Zahl bezeichnet das Jahr dieses Druckes.

Umschlagbild: Heinz Schindele
Druck: Stuttgarter Druckerei GmbH, Stuttgart
ISBN 3-12-230424-4